귀향

귀향

지은이 문충성
펴낸이 김순남
펴낸곳 도서출판 각 Ltd.

초판 인쇄 2016년 11월 17일
초판 발행 2016년 11월 24일

도서출판 각 Ltd.
주소 (690-809) 제주특별자치도 제주시 관덕로6길 17 2층
전화 064·725·4410
팩스 064·759·4410
등록번호 제651-2016-000013호

ISBN 979-11-958325-4-5 03810

값 12,000원

*이 책은 한국문화예술위원회 제주특별자치도 제주문화예술재단의 지역협력형 사업으로 지원받아 발간되었습니다.

귀향

GAK

책머리에

나는
지금
고향으로
돌아가고 있다.

이미 사라져버린 그
고향으로.

2016년 11월
문 충 성

차례

Ⅰ.

돌계단을 오르며 · 13
김포 공항에서 바라보는 어떤 풍경 · 14
하루 · 15
귀천歸天 길 · 16
8월 소나기가 · 17
아카시아 꽃잎 피듯 · 18
네 잎 클로버를 찾고 있다 · 19
은행나무 · 20
옛날 국수 · 21
하늘만큼 · 22
앞으로 10년은 · 23
그 때 · 24
팬지 꽃 같이 · 25
출세하려면 · 26
감자 꽃 필 때 · 27
진돗개 '강산江山'의 두 번째 가출 · 28
시월의 노래 · 30

어느 겨울잠에서 또 어느 겨울잠까지 · 31

우리가 무엇을 하든 · 32

하루에 한 번씩 · 33

세상내시경世上內視鏡 · 34

미니 토끼야 · 36

하얀 집 · 37

수세미외 · 38

아버지 · 39

별 볼 일 없는 이들 별 되어 사는 · 40

혼또니? · 42

문득 · 43

하루 혹은 빈 꿈 · 44

맨드라미 · 50

정말로 · 51

아니야 · 52

멸망 속으로 · 53

Ⅱ.

달빛 연가 · 57
귀향 · 58
할미새가 날아간다 · 60
흘러가는 냇물에 · 62
봉숭아 꽃 · 63
죽은 겨울 껍질 뚫고 · 64
안경 · 65
제주시 풍경 · 66
매미의 꿈 · 67
할아버지! 무지개 예쁘죠? · 68
빈 바람 · 70
하얀 날 · 72
어머니 돌아가시고 나서야 · 74
봄비 · 75
하얗게 웃는 하얀 돼지 · 76
어떤 장구벌레가 · 77
무상無常 3 · 78
첫 함박눈 내리는 날의 어떤 기억 · 79
제주농중農中 가는 길 · 80
며느리의 꽃밭 · 82

Ⅲ

제주휘파람새 · 87

예비신자를 위하여 · 88

새별오름 · 90

토백이 돔박고장 피어남쪄 · 91

정월 대보름 · 92

흘러간다 한강漢江은 · 93

불타는 여름날 · 94

굴뚝생이 · 95

오늘도 파도치네 · 96

잡념 · 97

억새 꽃길 사이로 · 98

처음이자 마지막을 · 100

배신자를 위해 유행가 풍으로 · 102

어떤 하관下棺 · 104

외할머니 · 106

당신이 나를 부르신다면 · 107

어느 날 · 108

서천 갈대밭 풍경 · 112

종생終生의 어느 골목길에서 · 113

Ⅳ.

아르센 뤼팽을 읽으며 · 117

헐벗은 나무끼리 모여 · 118

요사이 우리 · 119

어떤 하직 · 120

헛생각 · 121

탑동 매립 세 번째 한다고 · 122

새 봄날 속에 피어나는 늙은 봄날들 · 124

어떤 노랑 고양이의 잠꼬대 · 129

원담엔 가본 적 있니? · 130

저물녘 · 132

넝마주이의 시 · 135

진돗개 강산이는 웃고 있을까 · 136

고마운 사람들 · 137

어떤 우화 · 138

아침에 우는 새는 · 139

칡의 노래 · 140

사려니 숲길을 걸으며 · 141

□ 해설/김승립(시인/문학평론가) · 143
'오래된 미래'로의 귀향(歸鄕)

I

돌계단을 오르며

처음
이 돌계단을 오르며
별생각 다 했다
천국으로 가는 길
어디 없을까
한참 오르다 보니
지쳐서 못 오르겠다
뒤에서는 세치기하겠다
빵빵 소리 지른다
빨리 오르라고

김포 공항에서 바라보는 어떤 풍경

2014년 9월 4일
김포 공항 밀잠자리들
흘레붙텅
앉아 있는 AIR BUSAN 위를
쫑쫑쫑
날씬하게
날아간다 보란 듯이
한 쌍 두 쌍 세 쌍
날아간다
날아간다
네 쌍 다섯 쌍……

하루

먼저 먼 산이
가까운 산은 금빛으로
천천히 저문다
내일은 없지만
내일이 와도
아침은 자리에서 일어날 것이다
낮에 잠시 졸리다
하루 종일
태양은 빛날 것이다
빈 하루
마침내
나도 저물어 들면
어둠으로 풀릴 것이다 캄캄하게

귀천歸天 길

여보!
뭐가 보여요?

아니!
아무 것도 안 보여!

그럼
오늘은 이쯤에서

돌아가고
내일 다시 와요!

그래!
돌아가지 뭐!

2014년 6월 1일 새벽 꿈속에서
내일 올 수 있을까 몰라 다시

8월 소나기가

8월 소나기가 경기도 고양시 연꽃 동네 지나다

말했다 연꽃에게

"덥지? 무덥지?"

연꽃이 소나기에게 말했다

"아니! 시원해!"

아카시아 꽃잎 피듯

태평양전쟁 막바지에
아카시아 꽃 피어 조밭 김 메시던 할머니네
꽃향기 너무 짙어 머리 어지러울 때
아카시아나무에 앉아 노래하고 있는
제주산 말매미
잡고 있었네 나는
그때
허리에 별 그려진 전투기 하나 낮게 떠서
내 머리 위를 날아갔네
날아가며 내게 손 흔들던 그 전투기 조종사
정뜨르 비행장이 미국 전투기에게 폭격 당했다고
한동안 소곤소곤 동네 사람들 소곤대던 그 사건
오래 잊어버렸는데 때로
아카시아 꽃잎 피 듯
피어나
사시장철
꿈속으로
아카시아 꽃비 내리게 한다
시시하게

네 잎 클로버를 찾고 있다

네 잎 클로버 찾으면 행복하다고들 한다
만나는 친구에게 물어봤다
몇몇 친구들이 대답했다

"그래, 네 잎 클로버를 몇 번 찾았거든!"
70년을 더 살았어도 네 잎 클로버를 한 잎도 찾지 못 했다 나는
지금도 네 잎 클로버를 찾고 있다

내가 행복하지 못한 것이 그러니까 순전히
네 잎 클로버를 찾지 못한 때문인 것일까
네 잎 클로버를 찾았다는 몇몇 친구들에게 물어봤다

"너희들 모두 행복하니?" 그러나 그들은
대답했다 한결같이
"아니!"

"홋설도?"
"게메?"

은행나무

외롭게 마당에 살고 있는 은행나무
나보다 나이가 적지만 그래도 60년을 더 살았단다
키는 나보다 열 배나 더 크겠다 그러나
새까만 후배 녀석
아직 한 번도 열매를 만들지 못했다
70년이면 아득한 세월이라고들 한다
나도 아직까지 한 번도 열매를 만들지 못했다
멍텅구리 수놈들 그중 내가 뛰어나다
은행나무는 노란 잎사귀라도 지상에 떨구는데
요추 수술해서 죽다 살아나
겨우 기운 차린 나는
차곡차곡
벌거벗은 내 그림자 접어
저 불모의 허공으로 힘껏 내던지다 마침내

옛날 국수

골목길에 있던 옛날 국수집
생각만 해도 입맛이 싱그러워진다
고양시 주엽동 어느 골목길
정 아무개가 노래한 아름다운 시가 걸려 있고
국수집 하나
옛날 국수 만들어 팔고 있다
맛이야 어디 옛날 국수 맛이랴
맛이란 막상 다 그런 것
그 시절이 지나면 복원되지 않는가
맛을 살리는 방법은 전통에 있단다
백 년이 지나도록 그 가문을 잇는 맛
그 맛이 전통 맛이란다 요즘
전통 맛 찾기에 나서는 이들 많지만
미국 맛에 길든 이들
애 낳기까지 미국 가서 한단다
알 바 없다 그래
변화란 아름다운 것인가 그렇게
따라가지 않으면 바보가 되는 세상
옛날 국수집에서 국수 먹는다 그렇지만
전통 맛을 모르겠다

하늘만큼

"아이고, 나 강생이! 이레 와 불라!"
할머니는 여섯 살짜리 손자 양손에 들고
"하늘만큼 커 불라!
하늘만큼 커 불라!" 힘주어
위로 던져 아래로 받아 안으며 말 한다
"옛날에 옛날에 할망 허곡 손지 허곡
둘이서
깊숙한 산골 초가집에서 살았주……"
호랑이도 여우도 모두 이겨내며 손자를
활 잘 쏘는 장수로 키워냈다는 옛날 얘기
해주시던 할머니
저 세상 가시어 30년도 넘었는데 그
옛 얘기도 사라져 가고
아직도 키를 키우지 못한 손자가 하나
아 세상에서 밥 터 찾아 떠돌고 아!
"하늘만큼 커 불라!
 하늘만큼 커 불라!" 한 번도
하늘만큼 커보지 못 한
손자가 하나

앞으로 10년은

우리 나이쯤 되면 먹을 것에 고민하지 말라고
고희를 넘겼으면 본전은 된 것이니
덤으로 사는 삶에 너무 욕심 주지 말라고
먹고 싶을 때 먹고 싶은 것 먹고
병들어도 앞으로 10년은 넉넉하게 살 것이니
즐겨 마시던 커피도 안 마시고
그 맛있는 도세기 고기, 쇠고기도 안 먹고
식게, 맹질 때나 먹던 곤밥도 안 먹고
한 잔 하면 돌고 도는
물레방아 백수가 꿈꾸는
백수(白壽) 은은히 밝아오는 술도 끊고
그러면 세상사는 맛 다 잃어버리지
힘 있을 때
잘 먹고 즐겁게 살아야지
내 친구 성종이는 말 한다
앞으로 넉넉하게 병들어도 10년은

그 때

사라졌다 나타났다
당신은 요술쟁이
보랏빛 달빛이 눈에 시려
가을 저녁 나는 죽고 싶어
보랏빛 패랭이꽃이 달에게 말 했습니다
너는 어떻게 엄청 무서운 태풍에도 살아났지
꽃잎 하나 떨리지도 않고
너는 대단한 힘을 가졌나 봐
저기 호랑나비가 날아오네
네 가슴속엔 사랑이 넘쳐나나 봐
죽고 싶다고 죽어 지는 건 아니야
죽어 사는 이도 있고 살아도 죽은 이처럼 사는 이도 있지
달이 대꾸 했습니다
나에게 고맙다고도 하지만
미움을 받기도 해요 순전히 태풍 때문이지요
산들바람이 혼잣말을 했습니다 그 때

팬지 꽃같이

위 용종 시술 받으러 아내가 입원한 2인 병실
먼저 입원한 한 아낙네는 큰 딸애와 동갑나기
십이지장에 용종 생겨 내시경 시술 한단다
착하다
이것저것 사소한 일들 도와준다
시술 결과가 아주 좋아
계획된 퇴원일보다 하루 빨리 나간다고
짐을 꾸린다
먼저 나가서 미안하다고 안녕하시라고
결과가 좋으시길 바란다고
나가고 간 다음 아뿔싸
어디 사는지? 무얼 하는지?
이름도? 물어보지 못했다
아! 늦은 봄날 들녘에 사는
하얀 팬지 꽃같이
하얀 미소만
병실엔 감돌고

출세하려면

시골 살며 아무리 까불어 봐도
별것 없다
조선왕조 때 대학자들 예술가들
한양에서 벼슬하며 살다가도
늙으면 모두 고향집
찾아들었다고 역사가는
말 한다
오늘날도 출세하려면
서울로 가야 된다 그런데
출세가 끝나도
서울 사람으로 산다
이미 고향이 없다 비록
고향 찾아 간다 해도 아는 이가 없다
있으나 마나 한 친족들 알 바 없다
선묘들만 고향에 산다 어쨌거나
고향에 살 수 없다 그러니
'출세하려면 서울로 가라!' 한 옛 하르방 말이
백 번 옳다 그런데

감자 꽃 필 때

법정스님은 자기 쓴 책들 절판하라고
유언까지 남겼다 한다 무소유!
우리는 뛰어난 시집 한 권 제대로 지어내지도
팔지도 못 한다 유명하지 못하기 때문이다
학생들 필독문학 서적에 끼지 못 한다
읽으나 마나 한 시집이기 때문이다
뛰어난 비평가거나 연구학자들이 중요시 하지 않는
시집이기 때문이다 팔리지 않으므로
읽히지도 않는다
나위 없는
감자 꽃 필 때
그것도 꽃이냐고 비웃는다
있으나 마나 한 시인은 시인이 아니다?
민주사회는 평등하다 잘났거나 못났거나?
그러다 보니 우리나라 시인이 이만 명도 더 된다고?

진돗개 '강산江山'의 두 번째 가출

우리가 모처럼 설렁탕 먹으러 간 저녁
진돗개 강산이 가출했다
캄캄한 밤
며느리와 나는
온 동네 돌아다니며
강산이 찾아다녔다
이웃집 개들은 짖어댔지만
강산의 목소리는 들리지 않았다
강산아! 강산아!
컴컴한 어느 하늘
어느 산야 떠돌고 있느냐
며느리는 친척 누구 달라고 할 때
차라리 줘 버렸으면 좋을 뻔 했다고
말 한다 아침까지
기다려 보자고 했다
몇 년 동안
밥 먹이고
똥 치우며
정든 진돗개

목줄이 풀려 자유 찾아 나선 것이다
며느리는 잠이 들까
일 년 전에도 나갔다 들어왔다는데
나는 수면제 먹고 잠들었다
새벽에 강산이는 진흙탕이 되어 돌아왔다
밥 먹여 준
정 못 잊어
아니면?

시월의 노래

재잘재잘
참새 소리
빈 마당 가득 찬
가을 날
복숭아나무
낙엽 쌓이는 소리
깊어 가는데
메밀잠자리
하루살이
날도래
반딧불이 날고
홀로
처마 밑
왕거미는 집을 짓고

어느 겨울잠에서 또 어느 겨울잠까지
— 어떤 장수풍뎅이들의 죽음을 위하여

수놈을 한 마리 얻었단다 장수풍뎅이
엄마가 짝지어주려고 암놈을 한 마리 사 왔단다
얘들 사랑은 돈 주고 얼마든지 살 수 있단다
어느 겨울 어느 날
암놈은 알을 넷 낳았단다
알에서 애벌레가 생겨나고 번데기가 되고
어른벌레가 되었단다
모두 수놈들 다래다래
일 년 넘게 키웠단다 '맘마젤' 사다 먹이며
집안에서 날아다니기도 했단다
사슴벌레와 싸우면 장수풍뎅이가 이긴다고
자랑하기도 했단다 수놈은
날개와 배를 비벼 암놈을 꼬여내고
짝짓기를 했단다
알을 낳은 암놈은 죽고
그 슬픔 참지 못한 수놈도 죽었단다 잇달아
새끼 장수풍뎅이 수놈 네 마리도 모두 죽었단다
그 까닭을 모르는 내 손녀는 잠을 자는 걸루
생각 했단다 그저
잠을 자는 걸루

우리가 무엇을 하든

우리가 무엇을 하든
거짓말쟁이는 죽어야 되는 줄 알았네
도둑 쟁이는 죽어야 되는 줄 알았네
욕심쟁이는 죽어야 되는 줄 알았네
사이비 논객도 죽어야 되는 줄 알았네
그러나
그들이 지어내는 세상에 살며
조금씩 그들의 위대함을 배워가며
학교거나 책에서 배운 게 엉터리임을 알아가면서
조금씩 엉터리가 되어가면서 그러나
크게 엉터리가 되지 못 하면서
2010년 5월
우주 폭풍이 오면
우주가 멸망한다는 말을 믿으면서
그래도 향 좋은 연필로 시를 쓰면서
NASA의 태양권물리학부 리처드 피셔 박사 주장이 겁나서
컴퓨터, 휴대전화 등 모든 전자 제품이 크게
타격을 받게 될 거라는 말을 믿어야 될까
도깨비 땅 마련하듯

하루에 한 번씩

인사를 하자
세상이 각박해 갈수록

내 그림자에게
이 세상에서
가장 가까운 이웃에게
먼저

하루에 한 번씩
사라져가는 내 삶에게
세상이 멸망한다 하더라도

세상내시경 世上內視鏡

TV에서 떠들어대는 국회청문회
겉은 멀쩡한데 속이 아파있다
나는 모레 피 검사하러 간다
혈청 전립선 특이항원(PSA) 수치가 높다고
담낭에 용종이 있다고
암이 의심되면 내시경 검사를 해야 된다고 확실하게
의사는 말 한다 암 여부를 검사 받아
치료해야 된다고 치료 받으면
잘 나오지 않던 소변도 잘 나온다고
덕남이와 수남이와 누가 멀리
오줌을 갈기느냐 남수각 냇가에서
시합하던 어린 날이 떠오르고
슬픔 속에 이 세상은
고통 속에 살아도
재미있는 세상
스마트 폰이 요즘
새 꿈 세상 열어놓고 있는데
재미있는 이 세상 아픈 곳도 고쳐주고
즐거운 곳곳 보여줄 그런 세상내시경은

뉘 있어 언제 만들는지
고것 참 국회청문회에도 필요할 텐데

미니 토끼야

새빨간 눈알
벌써
슬픔 머금고

쫑긋
슬픔 세우고
언제

팔려나가나
기다리며
어린이들

가까이
다가올 때마다
깜짝깜짝
놀라며

철망 안에
쪼그리고 앉아서
미니 토끼야

하얀 집

아들네 살고 있는 의왕시 오전동
삼 층짜리 자그만 하얀 집
보들레르가 어린 시절 살던 작은 집이 생각난다
이 집에서 오래 살지는 못했지만
어린 날부터 오래 산 것 같은 생각
조각 작품 하나 없어도
바람도 쉬어 가고
새들 날아들어 노래도 짓고

수세미외

노랑꽃을 피우며 올라간다 꽃 진 자리에
수세미외가 달린다 파랗게
며느리는 이 수세미외를 따다
꿀에 절여 감기, 기침약을 만든다
유빈이와 정원이가 이 약 먹고 잦은 기침 재운다
때로 애비도
알 수 없는 건
어떻게 노란 꽃이 떨어져 파란 수세미외가 되는지
노란 수세미외가 되지 않고
가느다란 줄잡고 줄 타고 수세미외가 올라간다
올라간다 올라간다 파랗게
하늘 향해

아버지

소년시절
내 아버지 같은 아버지는 절대로
안 되겠다 다짐했네
친일파도 못된 한학쟁이 돈 한 푼 주지 않고
법학 공부나 하라 강요했지
하나도
무섭지 않았네
싸웠네 어머니가 다섯
한 여자만 사랑하며 사는
아버지가 되었지만 나는
너희들 아버지가 되어
아무것도 못해준 나는
얼굴도 없는
무엇인가

별 볼 일 없는 이들 별 되어 사는

바다가 잠겼다 허무 속에
하늘이 사라졌다
              이제
아무 것도 없다
        별 볼 일 없는 이들
        별 되어 사는 세상

가자
나 비워내면 뭐가 있을까
보이던 것들 모두 허깨비였을까
만나던 것들 모두 일회용품들
그들 만들어낸 위대한 세상
병든 꿈일 뿐일까
그
러
나

자박자박 저벅이지 말라
그들이 로봇 하느님도 만들어 낼 터이니
꿈도 꾸지 말라

가자
하루
빨리

혼또니?

장사해서 큰 돈 번
아무개
마음 좋다고 옛날에
공짜로 아는 이들에게
마구 공으로 줘 버린다고
무슨 장사 그런 식으로 하냐고 금방
망할 거라고 했네 그러나
천만에
망하지 않았네 그는
일본 장사꾼들과 교역하며
되레 큰 돈 벌었네 역시
큰 장사꾼
그 자녀들 좋은 대학 나와 출세들 했고
이 글로벌시대에
이제와
새삼 친일파라 꼬집으니
웃긴다고
혼또니?

*'혼또니'는 우리말로 '정말로' 정도의 뜻으로 쓰이는 일본말.

문득

문득 만나는 외할머니 영정 사진
왜 이렇게 선량해 보이는 것일까
웃지는 않지만 눈가에 은은히
도는 가녀린 빛
깊은 주름들
험한 세상 살았던
흉흉한 바람 잦아들고
그 주름에 흐르는
저 잔잔한 미소
90년도 더 살아야 보이는

하루 혹은 빈 꿈

1. 차례대로

모든 게 차례대로
민주사회가 되어서
인간이 가장 중요하다
나이 따위 알 바 없고
어린이, 젊은이, 늙은이
아무것도 알 바 없고
모든 게
차례대로 그런데
삶과 죽음에 있어
때로
삶은 차례대로지만
죽음은 차례대로 안 된다
차례대로
엿장수 마음대로
위대한 민주주의
미국 바람 불어

2. 어떤 천사

하얀 가운 입은 간호사
백의천사라고 칭송 받던 시절도 있었네
요즘은 만나기조차 겁이 나네
남성 간호사까지 생겨났으니
천사고 뭐고 없네
월급쟁이들이 있을 뿐 그러나
때로 기막히게 친절한 천사 있어
놀라워라 살만한 세상이여!
언젠가 이런 천사 만나 본 적 있지?

3. 절대로 미안한 줄 모르는

잘못 하든
올바르지 못하든
알 바 없다
글로벌시대 헛바람

불어
미안이 너무 썩어
절대로 미안한 줄 모르는
투성이
세상이

4. 내 자동차가 없어졌네

바닷바람 쐬고
먹을거리도 사러
탑동 매립해 만든 한 마트엘
갔네 먹을 거 다 사고
야외주차장에서 내 차를 찾는데
없었네 누가 사고내고 고치러 끌고 갔나
그 마트 젊은 직원이 찾아냈네 바보
주차한 정반대쪽에서만 찾았네
치매가 오나보다

이를 갈며
바닷바람 불어오고

5. 붕어빵 가게 근처

주가는 떨어지고 매번
복권은 꼴등이다
<빵과 함께>
<TOUS LES JOURS>
서양 빵 가게가 있는 동네 그런데
붕어빵 사 먹으러 붕어빵 가게 앞에 줄지어 서 있다
바람도 지나다 궁금하다 기웃댄다
붕어빵 만드는 저 익숙한 손놀림
웃음 띠고 밀가루 반죽을
철판에 정확하게 붓는다
앙꼬를 정확하게 넣는다
이마에 솟는 땀방울 뜨겁다
알맞게 익을 때 뒤집고

천 원에 세 개짜리 맛있는
아! 붕어빵

6. 엉터리

병 든 사람 고쳐 주고
죽어 가는 사람 살려내는
명의가 있다 한다
돈이나 벌려고 실력도 없으면서
병 든 사람 병 못 고쳐주고
죽어가는 사람 죽여주는
사람도 있어 우리는
엉터리라 부른다
어느 후진마을에선
침바치들 설쳐
침 한 번 놓고 단 방에 어떤
병이라도 고친다 한다
소문이 무성해 막상 침 맞아보면

어림없다
아프기만 하다 엉터리

7. 사계四季 병들어

연못에 연꽃 피면 여름이 온다
매미 울고
잠자리 날고
찬 서리 맞으며 국화가 피면
가을이 깊어간다
그 볼품없는 꽃망울 하얗게
터뜨리는 매화
때로 눈이 내리고
그렇게 봄은 온다
들판엔 나비들이 날아다닌다
꽃을 찾아
그러나 이 시대 이 땅엔 봄 여름 가을 없이
크고 작은 태풍만 들락인다

맨드라미

꽃 피운 맨드라미 한 그루
태풍 볼라벤에 쓰러져 누웠다 곁에
잔 나뭇가지 주어다 꽂고
몸뚱이를 일으켜 세웠다 간신히
나뭇가지에 몸을 기대어 섰다 맨드라미는
빠알갛게 웃고 있다 그새
잎이 다 시들었다
높직하다 상수리나무 가지 위에
집을 지은 까치들
까치까치 웃고 있다
마당귀 빨갛게
피를 토하며 어느새
죽어가고 맨드라미는

정말로

평생 익혀온 것들
한 잎 한 잎
혼신의 힘 다 해 피워낸
꽃들 꽃 지우듯이
쓸데없는 지식들
지나간 시간과 기억들
거짓말들
바람이 불지 않아도
지워지네 하나하나
어느 날
다 지워져
텅 비워지게 될 때
껍데기세상 벗어나
갈 수 있을까 정말로
저 세상으로

아니야

오늘도
죽은 뒤
일에 대해 말 한다
화장하자 아니
두 번 죽을 수 없지
땅에 묻혀 흙이 되어야지
아니야
아니야

멸망 속으로

잘 보이지 않는다
잘 들리지 않는다

꽃향기
잘 맡을 수 없다

향기 없는 꽃
사랑을 만들 수 없다

사랑이 없으면 멸망 뿐
나 돌아간다 멸망 속으로

II

달빛 연가

어째서
잠자는 방을 푸르르르
엿보시는지 어젯밤에도
당신 푸른빛에 홀랑 젖어
한잠도 자지 못 했지요
방아 찧던 토끼들은
원자탄 터지는 소리에 겁이 나서
지난 세기부터 숨어버렸어요
유람선들이 날아다니고
여행이 시작되면 우리는
드디어
만날 수 있을 테죠
이태백이 술 마시며 시 쓰던 그 시절 그 달빛
찾아 유람선 타고 가서 임이여
고단한 삶 벗어놓고
카드놀이나 하며
놀 수 있을지 몰라
진짜로

귀향

바다 길을 잃어버린 지 오랩니다
고향 가는 길
칼이나 아시아나나 아무 항공기라도 타고
하늘 길 열어 날아갑니다
날아가는 것은 비행기지만
그 비행기 속
나도 날아갑니다
비행기 타면 한 시간이면
고향에 간다고 합니다
이미 잃어버린 고향
찾아가 봐도
옛 동무들 하나 없습니다
낯선 이들 되레
이방인처럼 대합니다
이방인이 됩니다
"누굴 찾으시는지요?" 전혀
귀 선 말입니다
"누겔 찾암수과?"
이렇게 말해야 찾는 이 얼굴

생각이 나겠지요
외지인이 되어 오늘날
고향에 와도
고향은 없고
옛 동무들도 없고
초가들은 회색 콘크리트 숲 이뤄
그새 사라져버렸네요
중학생 때 만났던
이광수
김동인
이효석
동백꽃 김유정
현진건
박태원 삼국지
김소월 진달래꽃
정지용 향수
넓은 벌도 동쪽 끝도 다 사라져버렸어요
얼룩빼기 황소도

할미새가 날아간다

할미새가 날아간다 할미새야
그렇게 멀리 있니
할미새야
한 번도 만날 수 없구나
비행기 타면 서울도
50분이면 가는데 할미새야
이 좋은 세상에서
못 갈 데 어디 있겠느냐
이제부터
돈 좀 모아 나는
찾아 갈 테다
네가 사는 거기선
기다림 없이도
티 없는 웃음 솟아나리
할미새야
할미새야
할미새가 날아간다
불타는 하늘
가슴

깊은 곳
할미새야! 할미새야!

흘러가는 냇물에

흘러가는 냇물에 빠진 돔박고장
흘러가는 고장이사 흘러가지만
흘러가지 못 허는 고장이 이성

어슬렁어슬렁
산
그림자
내려 왕

고장 속에
잠겼네 나도 그
그림자 속에
구겨진 헛
그림자로 잠겨
가느니 한번만

흘러가게
하라
냇물아
돔박고장아

봉숭아 꽃

태풍에도 끄떡없이
꽃 피우고 열매짓습니까
예쁜 연분홍 꽃 고장
놀러오는 나비 한 마리 없습니까
열매 여물고 이제
더 참을 수 없습니까
서러운 꿈을 향해
씨앗들 터트립니까 거기엔
더 아름다운 고장
평화와 사랑이 넘쳐나는
그리움들이 눈 떠 있습니까

죽은 겨울 껍질 뚫고

무더위가 시퍼렇게 목을 짓누른다
제대로 숨을 못 쉬겠다
갈매기 날고 파랗게
파란 바람 어지러이
여름날이 매미 소리에 기울면
누렇게 누렇게
가을 잎 떨어지고
북풍한설
차가운 날
천지에 가득하면 새하얗게
온 세계가 죽었는가 그 때
죽음을 밀어내며 컴컴하게
조금씩 조금씩
죽은 겨울 껍질 뚫고
새 봄이 처음
연둣빛 눈 뜬다 이제
와! 우리들 세상이다
온갖 꽃들이 서로 다른 색깔로
노래한다 나비들
새들도 약코 죽었다

안경

흐릿해진다 세상이
어두워든다 점점

환해진다 세상이
밝아온다 점점

벗으면 흐릿하고
쓰면 환해지는
요지경
부르주아 세상

물품 중
가장
뛰어난
놈

제주시 풍경

눈에눈이
멩마구리
눈벨레기
눈비애기쿨
탐라 천 년의 고도 古都
푸르죽죽
뒤죽박죽
돛대기
세계 관광 세상

매미의 꿈

장엄하게
날아다니던 나무 하늘 푸르르르
노래 불러
천지 새벽 깨우고
죽어서는
배고픈 개미들
밥 되지만

할아버지! 무지개 예쁘죠?

초등학교 다니는 내 손녀가 한 여름날
내 핸드폰에 문자 메시지와 사진을 보내왔다
이렇게 예쁜 무지개를
엄마는 40평생 처음 본다고 참
무지개가 예쁘다고 하신다고, 그런데 내
핸드폰에 찍힌 무지개 사진 아무리 봐도
몇 가지 색깔인지 잘
안 보인다 핸드폰을 오래 써서일까
어느 시 비평장이였다면
그 녀석 시도 쓰지만, 몇 가지 색깔
안 보인다고,
무지개가 아니라고
하겠지
야!
예쁘다!
유빈아!
오색 무지개는 조선산
칠색 무지개는 유럽산
글로벌시대니까

모든 무지개는 글로벌산일까
경기도 의왕시에서 찍은 것이니 의왕시산인가
예쁘다!
어디 것인 진 알 수 없어도

빈 바람

사막에서
60년을 살았다

아름다움인가
팍팍한 그리움인가

60년을 살면서 나는
무엇을 찾아 헤매어 다녔나
그래 아무것도 찾지 못 했나

눈에 띄는 건
캥캥 마른 바람 부는 사막
뿐이었을까
내가 만난 건
몇몇 아름다움 찾는 사람들
몇몇 오아시스 찾는 사람들
뿐이었을까

목 태우던 시간아! 이제

떠날 시간이 다가올 게다
그러니 꿈꾸기로 했다
내 가슴속
한 뼘 솟아날 빈 물줄기
허공으로 사라져갈
캥캥 마른 빈 바람 한 자락을

하얀 날

개쑥부쟁이
보랏빛
그늘
미는

바람 소리
녹아나는
늦가을

꽃물결
하얗게
이는
소리
자욱한
자갈밭

눕고
싶어
허리

펴고
눈 감고

어머니 돌아가시고 나서야

오늘 하루

사는 삶도 고마운 일임을

알았네

전설 지어내시던 어머니

어느새

풀 메뚜기 날아오르던

들판 한 녘

자그만 들판이 되고

망각 속에 지워지고

한 백 년 후엔 한 점

바람이 될 수 있을까 저

들판이 사라지는 날

봄비

천둥 치다니
번개 만들다니
무섭다
연둣빛 봄비는 그러나
초근초근
겨우내 헐벗어 찬바람에 떨며
봄 잎 만들던
나뭇가지에 내린다 초근초근
그 때
흰 구름도 낮게 내려와
봄비가 된다
곤줄박이, 까치, 참새들도 신이 났다
까마귀들도 까악까악까악
봄을 노래한다 초근초근
새파랗게 봄비 맞으며

하얗게 웃는 하얀 돼지

꿈속에서 나를 바라보며
웃고 있었다 나비넥타이 맨 하얀 돼지
하룻밤 내내
기분이 좋았다
로또 복권 사면 백만 원짜리 쯤
당첨될까 그러나
나는 하얀 돼지 하얀 웃음이 좋아
하루 종일 집에 있었다
아무런 일도 일어나지 않았다

어떤 장구벌레가

어떤 장구벌레가 물 위에
떠 있습니까 자세히
살펴보면 하늘 그림자 위에
앉아 하늘을
봅니까 연못을 보는
또 하나의 하늘이
있습니까
어디에

무상無常 3

나는 그들을 일 년에 한 번도 만나지 못 한다
황동규, 마종기, 김병익, 김주연, 김광규, 오생근, 정현종
김재민, 김현 죽고
오규원, 홍성원, 이청준, 김치수 죽고
그들이 있어 행복했다 나는
그들을 잊지 못 한다 어느 새
그들은 죽기 전에 나를 잊어버렸다
박철희, 김종원, 김시태, 현길언, 현기영, 송상일
살아 있음으로 아직

첫 함박눈 내리는 날의 어떤 기억

'노래하는 천사' 코니 탤벗의 노래를 TV에서 듣는다
첫 함박눈 내리는 컴컴한 아침
아침 굶은
들꿩 부부가
눈벌판에서
함박눈을
맞고
있다

제주농중農中 가는 길

난도셸 맨 학생조각상
농중 가는 길에
겁나게
새까맣게
서 있었네

왜 그렇게 겁났을까
할머니 말 잘 들어야 된다고
안 그러면 잡아간다고
저 새까만 학생동상이

농중 학생들 열심히 공부하라고
만들어 세운 그
새까만 학생동상
어디 갔을까

제주읍 도남리
심방세미 밭
가는 길에

언제나 만났지
언제였나
이미
셍이물 잦아들고

며느리의 꽃밭

태풍 무이파가 휩쓸고 지나갔다 온 세상
산사태 나고 가로수가 쓰러졌다 불쌍한 대한민국
평화의 섬 제주 성읍마을엔 육백 년 살던 천연기념물
팽나무가 쓰러졌다 가로등 신호등이
낮은 곳들 집도 물에 잠겼다 자동차도
불어난 물에 떠내려갔다
모락산 자락
나는 가서 보았다
정원 여기저기 만들어 놓은 며느리의 꽃밭
며느리는 슈퍼 우먼 장 보러 갔다
혼자 땀 흘려 가꿔 놓은 꽃밭
봉숭아가 연분홍 꽃 피우고
자갈밭 쑥 굴형 비탈에
상수리나무, 산수유 배경으로
싸우지도 않고 어깨 비비며
독특한 꽃들 피우고 지고
자주달개비, 제비꽃, 둥글레, 비비추, 벌개미취, 금낭화, 개맥문동,
바위취, 개발톱, 채송화, 금계국, 작약, 산수국
그 뒤로 라일락, 앵두나무, 감나무, 매실나무, 살구, 조팝나무

벌새가 날아들고
참새, 까마귀, 까치 떼 지어 날고
키 작은 노란 해바라기들…… 산들산들 산들바람
이상하구나!
꽃들끼리 싸우지 않는다
꽃 세상
태풍에 끄떡도 없이
살아났다
벌, 나비, 풍뎅이들 날아들고 붕붕붕
딱새 몇 마리
참나무 가지 이리저리 날아다니며
노래한다 고요가 깨진다 햇살이
쏟아져 넘쳐난다 아 아! 햇살 속으로
평화가 햇살 속으로 흩어지는 며느리의 꽃밭

III

제주휘파람새

한낮에도
울었습니다 푸르르르

푸름으로 출렁이는
제주도 표선면 토산리
어느 리조트
한·아세안 문학행사 열리는 동네

울었습니다 푸르르르
싸구려로 다 팔아먹은 바닷가 넓은 땅
물결 소리도 금빛
금빛 세상 열어 놓고 있었습니다

자기 땅에서 유배당한 떠돌이 하나
울고 있었습니다
하루 종일
호오개곡!

예비신자를 위하여

하느님 믿는 데도 이론이 필요하다?
하느님은 누구인가
나는 누구인가
알아야 한다
알 수 있을까
사제가 설명했다
나는 하느님이 지어낸 자식
마침내

하느님께로 돌아가야 되는 것이니
아버지 하느님 바로 알고
신앙심 길러
하느님께로 가서 하느님이 되라

죽음을 무서워 마라
천국과 연옥과 지옥은 하느님이 지어낸 게 아니다
인간이 지어낸 것이란 모두 부질없는 것들
기다려라 주님께서 오실 것임으로
오셔서 모두 구원해 주실 것임으로

부활을 믿어라

삶이란 기다림에 지나지 않은 것
그리움도 그 기다림에서 태어나는 것

기다려라, 세례 받고 예비신자 벗어나
신자가 되고 주님께
자비와 용서 희구하다
지은 죄 사함 받고
한 잎 그림자 지우고
돌아가는바 하느님께로
그리움에게로 그러하니 기다려라
깨어서 기다려라?

새별오름

정월 대보름엔 달구경만 한다
아니다 들불 놓는다 들판에 오름에
일 년 동안 '무사 안녕'
빌기 오름에 불 놓기
한 해 두 해 하다 보니
십 년이 넘어가는구나 재미있다
관광객들이 몰려든다 세계 각국
강산도 변해 가는구나
오름 곳곳에 박아놓은 쇠파이프들까지
녹여낼 수 있을까 낑낑
앓고 있는 새별오름
하나쯤 태우는 건
아무것도 아닌 세상
우리 가슴에도 들불을 놓을까 활활
타오르게 할까 이 세상 건너
저 세상 끝까지

토백이 돔박고장 피어남쪄

토백이 돔박고장
피어남쪄 시뻘겅허게
호 개곡
호교곡생이 훈 번
울 적마다

시뻘겅헌
돔박고장
시뻘겅허게
피어남쪄
피어남쪄
호오개곡

호개곡생이 훈 번
울 적마다
떨어점쪄
소보록이
토백이 돔박고장

정월 대보름

맨머리 오름 불을 놓자

온 산이 시뻘겋게 타오르게

내 가슴

하나 가득

천지를 태워버리자

아

저 불 속으로 뚜벅뚜벅

걸어 들어 가

언제

활활 타오르며 불이

될 것이랴! 죽고 나서나

하늘에선 하얀 달이 그때

타오를까 둥글게 둥글게

흘러간다 한강漢江은

오천 년 동안
불쌍한 것들
품어 안고 흘러간다

고단해도 쉬어 본 적 없다
태풍 휘몰아치고
폭탄이 터지고
핏빛 고뇌에 불면이어도

위대한
한강은 흘러간다 오늘도
흘러가는 것들은 돌아오지 못 한다 할지라도

흘러감을 위하여 흘러간다
개똥 밭
개코망신
순결무구

뾰조록이
부서지고

불타는 여름날

하늘이 토해낸다

불타는 여름날

하얀 구름 한 점

파란 새 한 마리

노랑나비 한 마리

팔랑팔랑

햇볕을 토해낸다

가로질러

날아간다 불타는 여름날

제트여객기 한 마리

새파란 하늘만

있다 이윽고

녹아 난다 폭염에

폭음이

굴뚝생이

꿈꾸듯
돌담
고망
들락이멍
굴뚝생이

희영헌 눈깔
희영허게 굴리멍
희영허게
꼴랑지
꼬댁이멍

이리저리
굴뚝생이
돌담
고망
들락이멍
꿈꾸듯

오늘도 파도치네

영광과 치욕이 뒤범벅되어 바다 이루고
그 바다
오늘도 파도치네 파도가
부서져 튀어 오르네 영광이
불타 오르네 보아라
저 시뻘건 태양 아래
이리저리
돌아눕는 갈채 소리
갈매기 꼴로
회한과 슬픔이 사는 황홀한 빈 집
그곳에서 치욕이 썩어 가고
시퍼렇게 눈뜨고
썩어 가고
늦었나, 이제, 나는

잡념

빈 하늘에서 내려옵니다
바람 없는 날
우리 아파트 빈 나뭇가지 위에
앉아 있는 외제 자동차들 위에
아스팔트 길 위에
재잘재잘
배고픈 참새들 꽁지 위에
영등포역 공원 주변
늙은 노숙자들 어깨 위로
옛 얘기같이
허옇게 허옇게

억새 꽃길 사이로

쓰러져 자고 싶었네
소리 없이
피멍 든
발걸음
누렇게

한 점 바람으로
잿빛 하늘
그림자
구름 물결
이는
억새 꽃길

그리움 되어
길 내어
어두워 드는 금빛
길 지우며

쓰러지며

간신히
일어나며
그대에게로 가나니
쓰러지며
쓰러지며

처음이자 마지막을
-항우項羽에게

-발산개세拔山蓋世
그대는 실패하지 않았네
죽음으로 완성했네 그대 사랑을 사나이
새 천지 열지 못했다지만
아니다
새 천지 열었네
중국보다 더 큰 천지를

처음이자 마지막을 나는
열아홉에 시작 했네 사랑을
십 년 애써도 마지막은
완성되지 않았네
사랑이란 완성하는 게 아니란 걸

팔순을 바라보며 겨우
깨닫느니 너무
늦었을까 나는
실패한 삶의 절정에
홀로

서
서
꿈꾸네

열아홉에 '사랑'을 발견한 나는
시인이 되고자 안 했네
이제 나는 그
열아홉으로 가네
그때 둘이 하나 되는
나의 마지막은 시작되었으니

배신자를 위해 유행가 풍으로

누가 나를 배신했다고 제발
떠들지 마라 그대는
배신당한 게 아니다 예수를
베드로가 알지도 못한다고 유다가
예수를 팔아먹었을 때
예수는 배신당한 게
아니다 그것은
사랑을 몰랐던 그들이 행한
자기기만 행위에 지나지 않았던 것
하느님에 대한 신앙의 무지에서 생겨난 것이려니
그러나 인간이 인간에게
배신당했다고 제발
자랑하듯 떠들지 마라 내가 말할 때
알아들을 귀가 없는 이들
원래 우리 사이엔 사랑 따윈 없었기에
탓해 보아라 서푼짜리에 지나지 않으니
총장이 못됐다고 기분 상하지 말라
나는 내가 못난 게 참으로
슬프다!

얼마나 못났으면 그대가
나를 배신했는지!
눈물 난다, 아니다
그것은 배신이 아니라
그대의 뛰어난 선택에 지나지 않으니
그대를 잊어버릴 수는 있어도
나의 무능을 용서할 수가 없다, 결코, 그러니
배신자여! 못난 나를 한번만 용서해다오!
잘난 후배들
술잔 높이 들고, '-같이 이겼다!
+같은 승리를 위하여!' 소리칠 때
그대
웃음소리
좀 더
높아 갈 때
그 아래
고개 숙여 비나니

어떤 하관 下棺

요즘 손 전화 통해 전해 오는 부음이 많아져 간다
그때마다 알 수 없는 얼굴들
만들고 있다 마음속에 자그만 산들
수열이가 손 전화로 부음을 전한다
2010년 1월 6일 저녁
눈은 내리고
제주시 동광성당 찾아
아내와 둘이서 상철의 어머니 조문한다
저녁은 깊어가고
아는 얼굴과 모르는 얼굴들 조문하고 간다
구십삼 세 할머니는 보이지 않는다
영전만 멍하니 모셔져 있다 유리액자 속 이틀 동안
가톨릭 장례의식 마치고
황세왓 성당묘지 안 가고
형철이네 아들들 묻혀 있는 해안동 가족묘지로 간다
어딜 갔다 이제 오나
귀를 엘 듯 시린 정월 바람 잿빛
눈을 날린다 땅속으로
포크레인이 파놓은 땅속으로

허무 한 자락 아이고!
아이고! ...... 하관 한다 한 할머니의 하늘을
하직 한다 눈물 한 방울 아아!
눈보라 치는 이승의 한 녘에!

외할머니

건넌방 건너오는 놀소리
놀멍 놀멍
소리 허멍
개역 만들멍 ᄀ래 골 때
외할머니 이마에 솟아나던 땀방울
뚝뚝
떨어지고 떨어지고
이여도사나 농사일 밖에 모르시던 외할머니는
옛 얘기꾼
숱한 옛이야기 들었네
파르스름 녹 낀 놋숟가락 있어도 밥을 굶멍
가난하던 시절 걸바시처럼

당신이 나를 부르신다면

나 죽어
암흑천지 떠돌 때라도 외로움에
이마 깨어지는 날
나직이
당신이 나를 부르신다면
나 암흑천지
단방에 깨고
당신에게로 달려가리 사랑하는 이여
달려가리 맨발 벗고

어느 날

1. 시인 고은이 말하기를

1960년대 내가 제주에 온 것은 살기 위해서가 아니야
죽기 위해서 왔어
많은 사람들 만났지 그 중
잊지 못할 사람은 김종철이야
제주 떠날 때
보름동안 이별주를 여러 사람과 마셨지
결국 죽지 못하고
제주 섬을 떠났어

2. 시인 고은의 아리랑

취기가 올랐다 황우럭의 '봄날은 간다'가 그치자
박수가 나왔다
시인 고은이 말했다
"내가 노래 부를 때 따라 하지 마!"
아리랑을 불렀다

- 아리랑 아아아리랑 아라아아리요
아리랑 고개로 나
넘어어가안다……
술 한 잔 안 마셨어도
한민족 삶의 처참함을 혼의 울림으로 들었다
아리랑은 계속되었다
시인은 아리랑이 되었다

3. 시인 고은의 서부두 西埠頭

"서부두엘 가자!" 시인 고은이 외친다
시인 허영선이 모는 자동차 타고 가는 나는
아픈 허리가 많이 불편해 죽겠다
허영선이 말 한다
"옛 서부두가 없어진 게 언젠데
서부두엘 가 봐도 서부두는 없어요!"
"그럼 쐬주 집으로 가자!"
시인 고은이 외친다

"황우럭과 딱 한 병씩 마시고 헤어지자!"
고은의 서부두는 어디에 있지 쐬주 집에?
여름날 저물녘
제주 시민들 더위 피해 산책하던 곳
때로 방파제 위에 돗자리 깔고 앉아
천지가 금빛으로 저물어 들 때
명월 쐬주 한 잔에 죽어가는 햇덩이
가슴 가득 마시던 곳
가난
우울
절망
쿠데타
그곳에 가고 싶다
1960년대 중반 근처

4. 시인 고은의 걱정

그렇게 취했는데

호텔로 잘 갔을까 나는
시인 고은이 걱정되었다
이튿날 점심시간이 느긋이 지난 오후
시인 허영선으로부터 전화가 왔다
고은 선생님과 점심하면서 해장했는데
"거 허리 아픈 문충성이 어젯밤
집에 잘 들어갔는지 몰라!"
내 걱정을 되게 하시더라고

5. 시인 고은과 헤어질 때

차에서 내렸다 하늘은
캄캄했다 서로
꽉 껴안았다
한참동안
이취한 시인 고은은 말이 없었다
술 한 잔 안 마신 나도

서천 갈대밭 풍경

시내들 흘러 금강으로 들고
나도 흘러 금강으로 간다
강가엔 벌써 갈대들이 어디선가
먼저 흘러와 파란 5월을 이뤘다
청둥오리들 강물 따라 강물이 된다
강물 위로 하늘이 내려와
강물이 된다
'공동경비구역' 촬영장 부근
봄바람이 자글자글
강물이 된다
여기에도
빵빵 관광버스 중국 관광객들
와자지껄
몰려든다 파랗게

종생終生의 어느 골목길에서

종생의 어느 골목길에서
내 노래를 잃어버렸나
찾아 내 다오
꽃나무들끼리 키대보기 하면서
낄낄 웃는 아침 마당귀에서
내 노래여!
어디를 헤매고 있나
나를 찾아 내 다오
종생의 어느 골목길에서

IV

아르센 뤼팽을 읽으며

기차는 쉼 없이 달렸다
뤼팽이 뤼팽을 쫓았다
기차는 센 강을 건넜다
갑자기 기차가 속도를 늦췄다 그새
가짜 뤼팽이 사라졌다
진짜 뤼팽이 가짜를 쫓았다 나는
손에 땀을 쥐고 진짜 뒤를 쫓았다
중학교 1학년
동양사 야외 수업시간에
뤼팽이 아니고 루팡이던 시절
수업시간에 소설 읽는다고 앞으로 나오라고
자기 가르치는 동양사에 도취한 역사 선생에게
루팡 소설책으로 머리 얻어맞으며
거친 풀밭 풀 소리들이 만들어내는 바람 맞으며

헐벗은 나무끼리 모여

헐벗은 나무끼리 모여
허리 두 동강 나는 매운 계절 지나가노라면
두 눈 가득 차오르는 건
가난뿐만이 아닙니까

눈보라 치던 갑오년
내 땅에서
쪽발이 군홧발에 짓밟히며
총 맞아 죽어간 처참한 꿈을

우리는 추위에 떨며
빈 몸뚱이 비비며
피눈물 흘리며

노래합니까
백 년도 넘게
헐벗은 나무끼리 모여

요사이 우리

일 년 지나도록
전화조차 없다
죽은 것일까 너희들 모두
내가 거는 전화도
불통이다 여전히
죽은 것일까 나도

어떤 하직

애들아!
다음 세상에서 다시
만나 재미나게
재미나게
놀자!
애들아!

헛생각

우리 소학교 동창들
경조사 부조금 단체로 1만원 한다
그 1만원이 없어
참석 못 하는 동창도 더러 있다 한다
정든 벗들이여! 많이 이 세상 떴다
나 죽거들랑 부조는 하지 말라!
꽃은?
꽃도
그러나 걱정하지 마라
너 죽으면 찾아갈 동창
아무 없을 테니

탑동 매립 세 번째 한다고

.

언제부턴가
제주 섬 바닷가에 고만고만한
새 방파제 생겨나고 있다 마구
하얀 등대
빨간 등대
제주 섬 옛 모습이 없다

광렬이가 말 한다
30—50년 후엔 제주시 중앙로 북쪽까지
연구결과 바닷물이 밀려온다고
그땐 탑동은 바다 속에 잠긴다고

탑동 매립을 두 번씩이나 해서
태풍 불 때 그토록 혼이 나도
그래 30년 후엔 다시 제주바다가 될 것을
어떤 잘난 비평가는 나보고
탑동에 관한 시를 다시
쓰지 말라고
그런데

요즘
세 번째 매립한다고

새 봄날 속에 피어나는 늙은 봄날들

1. 운동고장

집은 허물어져 없고
사람 살던 곳이 쑥밭 되었구나
저 굴헝에 와자자 핀 인동 꽃들 노랗게
다 따서 판다해도
일제시대 나 어릴 적
'인동 꽃'을 '운동고장'이라 부르던 시절
나마까시 한 개를 못 샀거든

2. 곽지리 바닷가를 지나며

다 어서 점싱게
바닷가 모래까지
검은 그물 첨싱게
모래가 바당물에 흘러강
어서지지 안케

짓는 건 펜션들
여름날
관광 손님들
왕 놀랜

우리 건
하나하나
어서져 감싱게

그때
누군가 영선인가
말하데
이제
좀 있어 봅써
믄딱
중국사람, 육지사람 것 될 꺼우다

3. 물메골에서

점심을 먹다
물메골에서 노랑
고양이 잠들다
깊은 봄날
새파랗게
천지가 허물어지다

4. 바다 직박구리

자그만 검정 새가 날아다녔다 거실에서
보랏빛 날개
분명히 새끼 새였다 겨우
잡아서 베란다 밖으로 날려 보냈다
손안에 남아 있는 따스함
어린 날 잡던 참새 새끼의 따스함이
사진이라도 찍어둘 걸

영종이는 바다 직박구리 새끼라고 한다
그런데 초가도 아닌 우리 집에 어떻게 들어왔지
베란다 창문까지 꼭꼭 잠그는데
이상한 일이다
아무리 생각해 봐도

5. 모슬포 자리회

팔짝팔짝 뛰는 놈들
고추장에 찍어
팔짝팔짝 먹는다 새파란 모슬포
바다를 먹는다 너무
맛있어
말도 못 하다가
가시에 찔리지 않으려
조심조심 씹다보면 때로
씹히는 건 병들어 가는
제주 풍물들 저기

오가는 관광객들 속에서 보인다 시들시들
사라져 가는 구경거리들

어떤 노랑 고양이의 잠꼬대

봄 잠 자는 어떤 노랑 고양이

"야! 인마!
넌 죽었다!
쥐새끼! 야!"

하는 잠꼬대가

"야옹! 야옹!
야옹! 야아옹!
야아옹! 냐옹!" 으로

들린다 나에겐

원담엔 가본 적 있니?

탑바리 차돌 밭에 밀고 써는 탑바리 바당
그 하얀 절 소리 들어 본 적 있니?
그 절은 소리만 빚어내는 게 아니다
깅이, 보말, 물꾸럭, 톨, 보들레기,
메역, 감태, 몸, 점복, 굼벗
키워낸다 썰물 때
원담엔 가본 적 있니?
그 시원한 물이 바닷물 속에서
짜지도 않게 어디서 솟아나는지
마셔 본 적이 있니?
없다면 잔소리 말라 엉터리들
어렝이나, 맥진다리나, 자리나, 한치나, 우럭이나,
볼락이나 돌돔이나, 다금바리나, 매역치나, 북바리나
이름 따정 말해 보라 그 아름다움들을, 그 맛들을
탑바리 바당에 들어 헤엄치는 여름날
우리는 즐거웠네
같이 헤엄쳤네 밀려오는 절에
때로 복 먹으멍 드르누웡
절 타멍 하얀 갈매기들 날곡 하얗게

날지 못 허는 허연 줌네들
허옇게 들락날락
바당 속 물질 허곡
탑바리 바당 매립 싸우멍들 두 번씩이나 했는데
원담이니 차돌이니 몬딱 매립해버렸는데
해봐도 별로 신통찮은 그 매립을 다시 허키엔 햄덴
신문 방송은 떠들어대곡

저물녘

1.

눅눅한 여름날 저물녘
동네 애들과 온몸에 땀이 흐를 만치 뛰놀다
외할머니가 찾는다는 말 듣고
집에 가보니
아버지네가 육지로 '소까이' 간다고
외할머니는 은근히 내게 일렀다
누구와 살고 싶냐고 아빠가 문걸랑
외할머니와 살겠다고 말하라고
매밀잠자리 떼
길거리 가득 날던 저물녘

2.

오라리 재산 다 팔고
아버지네는 외가에 남은 내게는
책상 하나 남겨두지 않았다

어머니만 남겨두고
계룡산에서 백여 리 더 들어간
깊은 산골 마을로 정감록 따라
피난갔다
제주 섬은 코 큰 놈들 폭격에
불바다 되어 돼지 그슬리듯
불 타 죽는다고
그 후 아무런 소식 없었다

3.

그 산골마을에서 논과 밭
기와집 사고
죽은 어멍 얻고
동생 덕범이 생겨나고
할머니, 고모, 사촌 형
삼촌 죽고

4.

해방되기 전에 떠났던 이들은
해방 되고 나서 돌아왔다
아버지네는 몇 해 지나
돌아왔다 책과 제기들만 가지고
죽은 어멍과 동생과 재산 전부 그냥 두고

넝마주이의 시

오늘도 하늘 아래 사는 모든 것들 사랑하게 하소서
쓰레기 더미 넘쳐나는 도시
종이로 만든 돈을 벌기 위해 죽어가는 삶
살 썩는 냄새 고약한 죽음의 성욕 키우는 사람들
하늘 이고 살아도 하늘을 쳐다볼 줄 모르는 사람들
종이 박스나 폐지 주우려 쓰레기 세상 뒤지며
출퇴근도 없는 오늘을 걷는다
퇴근할 집이 없으므로 아무 길거리 위에서
잠을 잔다 밤이 내리면
잠을 잃어 버려 잠 잘 수 없다
다 대통령이 될 듯
대통령 선거로 떠들썩한 기사들
어깨 비비는 신문지 위에 누우면
10월 밤하늘 별들이 눈 오듯 쏟아질 것 같고 싸늘하게
그 하늘로 둥둥 날아올라
하얀 구름이 될 듯싶다
삶은 연습이 없으니 내일도
하늘 아래 사는 모든 것들 사랑하게 하소서

진돗개 강산이는 웃고 있을까

밤이 되면 까닭 없이 슬프게
울었단다 주룩주룩
비가 내리는 밤
밤새
강산이는 울었단다 슬프게 슬프게
이웃에게 미안해서
떠나보냈단다 제부도로
거기서
강산이는
웃고 있을까

고마운 사람들

119
열이 40도도 더 높아
의식불명 되었을 때
재빨리 대학병원으로 이송해 줘
살아나게 했다
요추에 급성 바이러스 파먹어 올 때
나는 거의 움직일 수 없었다
아내가 의왕시에서 저혈당 쇼크로
인사불성 되었을 때도
119는
아내를 살려냈다
나를

어떤 우화

게이트맨이 고장 났다
건전지 사다 지시대로해서 문을 열라
문자가 떴다

1. 알카라인 9v 건전지 준비
2. 외부 프런트바디 하단에 있는 비상전원 단자에 접촉
3. 프런트 바디 터치(또는 ＊버튼 누르기)
4. 비밀번호 입력 후 프런트 바디 터치(또는 ＊버튼 누르기)
＊ 개문 후 실 내부 건전지 커버 열고
　　1.5v AA 알카라인 새 건전지로 반드시 교체
　〔비상전원 사용법 안내입니다〕

승국이가 열었다
"집도 오래 비워두니까
 문을 안 열어 줨수다
 집 팔앙 작은 집에서 살키엔 해부난
 심술 피웜수게"

그는 말한다
집도 다 인격이 있다고

아침에 우는 새는

예전엔 아침에 우는 새는 배가 고파 운다고 하더이다
요즘엔 세상이 더럽다고 자고나면 아침마다 울더이다
님을 잃어버린 시대
님 그리워
저녁에 우는 새는 없어졌다 하더이다
찬란한 꿈이
자그만 스마트 폰 안에서 꽃 피어나는

칡의 노래

보랏빛 꽃을 피우면
하늘도 보랏빛으로 눈뜨는 여름날
시시하게
이런저런 나무들
자기네 가지 얽으며
위로 올라간다지만
우리는 하늘로 올라가는 것이다
보랏빛 하늘로

단풍나무야! 가을날 아주 멋있다고 뽐내지만
새파랗게 미운 너를 사랑으로 감싸 안으며
꼭뒤까지 올라간다 나는
올라간다
올라가며 보랏빛 꽃 자꾸
피워낸다 캑 캑!
보이니?
저기 날아오는 순 한국산 노랑나비 한 마리

사려니 숲길을 걸으며

느릿느릿 숲길
잡풀들 잡목들
바라본다
신비롭다
그 잎새
그 꽃 모양 색깔
서로 다른 풀들 나무들 파랗게
모여 산다
이름이야 서로 알 바 없다
여기로 놀러 오는 바람들도 파랗게
이름을 잊어버린다
밈밈밈밈 밈밈밈밈
고작 일주일 사랑을 노래한다
말매미들 사랑의 한 우주를 이룬다
벌 나비 날아들고
벌새들도 날아들고 날아가고 나는
걷는다 느릿느릿
무섭다 알 수 없는 죽음이

<해설>

'오래된 미래'로의 귀향 歸鄕

김승립 (시인/문학평론가)

1.

문충성은 희귀한 시인이다. 마흔 살의 늦깎이에 데뷔했다는 것도 그렇고 산수(傘壽)의 나이에 이르기까지 40년 가까이 쉼 없이 왕성하게 시작을 유지하는 것도 그렇거니와(문충성이 펴낸 그 간의 시집은 20권을 훨쩍 상회한다. 시집을 많이 펴낸 시인으로는 조병화와 고은이 있긴 하지만, 늦깎이로 출발해 이런 업적을 이룬 시인으로는 그가 독보적일 것이다.) 보다는 40년 가까운 시작 활동 속에 그의 시세계가, 얼마간의 변주와 체험 영역의 확장이 있긴 하지만, 한결같이 '제주도'라는 변방의 삶의 모습을 되살리고 자본과 문명의 시대에 지나버린 시대의 정서로 치부하고 있는 '순수'의 열망을 끊임없이 되새기면서 거의 일관된 정서를 견지하고 있기 때문이다.

한국시의 바다에, 문충성이 출세작《제주바다》의 푸르름을 펼쳐 놓았을 때 그 경이로움에 대해 한 비평가는 다음과 같이 탄성을 지른 바 있다.

순수라는 그 진부하고 간지러운 추상의 이름이 문득 문충성에게 부딪혔을 때의 아픈 감동을 나는 잊을 수 없다. "한 톨 純粹여 너와 내가 앓아온 熱望이/ 자그만 열매를 키워 가나니/ 별나라의 꿈을 익후며 시궁창까지/ 잔뿌리 뻗어 그 캄캄함을 빨아 올리며 /..."(<서 시>)와 같은 대목들을 읽어 보면 얼핏 상투적으로 생각되는 그 낱말들이 그렇게도 진솔하게 우리 몸에 한 마디 한 마디 닿아 울리고 있는 느낌을 떨굴 수 없다. 그것은 기교가 채 침투하지 않은 곳의 세계, 이를테면 진정의 세계다.

― 김주연, 《제주바다》 해설

개발 이데올로기의 환상과 화려한 문명의 속도에 취해서 우리가 일찍이 진부하다고 놓아버린 '순수'와 같은 정서를 문충성은 놀랍게 복원시켰고 동시에 문명적 기교를 거부한 진정성의 세계의 가치를 우리 앞에 열어 보인 것이다. 문충성은 그 세계를 주로 '제주도'라는 원초적 공간과 '유년'이라는 근원적 시간을 날줄과 씨줄로 엮어 감동적으로 그려내었거니와, 더욱 놀라운 것은 데뷔 후 40년 가까운 시력에도 그의 시적 세계와 목소리가 일관된 어조를 유지하고 있다는 점이다. 많은 평자들이 문충성의 시적 세계를 얘기하는 데 있어서, 처녀시집에 붙인 김주연의 다음과 같은 해설에서부터 출발하는 것은 그의 시적 세계의 일관성과 동질감을 증명한다고 할 수 있다.

이 문충성의 시를 지배하고 있는 때 묻지 않은 그 언어의 신선한 분위기는 모두 이 상실의 슬픔과 그로부터 비롯되는 작은 투

> 지로 구성되어 있는 것 같다. 그의 소재들은 거의 자연이지만, 새 한 마리, 풀 한 포기, 그 상실의 세월과 무관한 것이 없으며, 산을 보아도 가을바람소리를 들어도 어느 것 하나 시인의 작은 한과 투지 혹은 통곡의 의지가 담기지 않은 것 없다.
>
> — 김주연, 위의 글

문충성의 그간의 시들은 따라서 시적 대상과 제재들이 비슷비슷한 것들이 많고, 심지어 같은 제목의 시편들도 반복적으로 등장하기도 했다. 이러한 반복성은 한편으로 그의 일관된 진정성을 담보할 수는 있겠지만, 다른 한편으로 각각의 시편들의 개별성을 무화(無化)시키거나 자칫 잘못하면 문충성의 시들에 진부함과 식상함의 혐의를 덮어씌우게 될지도 모른다. 도대체 문충성은 왜 그랬을까? 무엇이 문충성으로 하여금 그런 위험을 감수하면서도 같은 대상에 집착하고 되풀이 얘기를 반복하게 했을까? 등단 때부터 뛰어난 시적 감성으로 독자들에게 감동을 주었고 오랫동안 꾸준히 활발하게 시작활동을 펼쳐온 시인이 이 점을 간과했다는 것은 말도 안 되는 소리일 것이고 보면, 여기에 문충성 시의 방법론적 비의가 있는 게 아닐까?

아닌 게 아니라 예전에 한 비평가는 문충성의 이런 점을 기이하게 여겼고, 그 까닭을 '제의성'에서 찾은 바 있다.

> 그가 노래하는 모든 자연물은 그의 상실된 꿈을 되찾기 위한 하나의 수단으로 통합되어, 그 꿈을 되찾기 위한 제의(祭儀)에 바쳐진다. 물론 그 제의는, 대가나 보상을 요구하거나 복을 구하

는 세속적인 욕망의 충족에 기대고 있지 않으며, 단지 이 비참한 세계를 도덕화 하려는 한 시인의 강렬한 의지의 한 표현 양식일 뿐이다. 바로 이 제의성에서 그의 시적 태도인 반복성과 개별성의 무화를 이해할 수 있는 것이다.

- 이창기, 《설문대할망》 해설

한마디로 문충성은 '이 비참한 세계를 도덕화 하려는' 안간힘으로 대상(제주도의 자연)을 종교적으로 접근하고 있다는 것이다. 일견 타당한 분석이지만 뭔가 그것만으로는 문충성의 의도를 설명하기에는 미진한 데가 있다. 문충성 역시 이번 시집 《귀향》에서 은근히 불만을 드러내고 있거니와, 다음과 같은 시에서 문충성이 왜 여러 구설에도 불구하고 일관된 태도로 반복적 대상을 다루고 있는가에 대한 실마리를 제공하고 있다.

언제부턴가
제주 섬 바닷가에 고만고만한
새 방파제 생겨나고 있다 마구
하얀 등대
빨간 등대
제주 섬 옛 모습이 없다

광렬이가 말 한다
30-50년 후엔 제주시 중앙로 북쪽까지
연구결과 바닷물이 밀려온다고

그땐 탑동은 바다 속에 잠긴다고

탑동 매립을 두 번씩이나 해서
태풍 불 때 그토록 혼이 나도
그래 30년 후엔 다시 제주바다가 될 것을
어떤 잘난 비평가는 나보고
탑동에 관한 시를 다시
쓰지 말라고
그런데
요즘
세 번째 매립한다고

— <탑동 매립 세 번째 한다고> 전문

탑바리 차돌 밭에 밀고 써는 탑바리 바당
그 하얀 절 소리 들어본 적 있니?
그 절은 소리만 빚어내는 게 아니다
깅이, 보말, 물꾸럭, 톨, 보들레기,
메역, 감태, 몸, 점복, 굼벗
키워낸다 썰물 때
원담엔 가본 적 있니?
그 시원한 물이 바닷물 속에서
짜지도 않게 어디서 솟아나는지
마셔 본 적이 있니?
없다면 잔소리 말라 엉터리들

어렝이나, 맥진다리나, 자리나, 한치나, 우럭이나,

볼락이나, 돌돔이나, 다금바리나, 매역치나, 북바리나

이름 따정 말해 보라 그 아름다움들을, 그 맛들을

탑바리 바당에 들어 헤엄치는 여름날

우리는 즐거웠네

같이 헤엄쳤네 밀려오는 절에

때로 복 먹으멍 드러누웡

절 타멍 하얀 갈매기들 날곡 하얗게

날지 못 허는 허연 줌네들

허영게 들락날락

바당 속 물질 허곡

탑바리 바당 매립 싸우멍들 두 번씩이나 했는데

원담이니 차돌이니 몬딱 매립해버렸는데

해봐도 별로 신통찮은 그 매립을 다시 허키엔 햄덴

신문 방송은 떠들어대곡

- <원담엔 가본 적 있니?> 전문

이전에도 문충성은 '탑동'을 소재로 하여 여러 편의 시를 썼음에도, 이번에 다시 두 편의 시를 덧붙이고 있다. "어떤 잘난 비평가는 나보고/ 탑동에 관한 시를 다시/ 쓰지 말라고" 했는데도 고집스럽게 '탑동'에 관한 시를 다시 쓴 걸 보면 현저하게 의도적임을 알 수 있다. 문충성에게 있어서 '탑동'은 그의 시들에서 다루어진 제주도의 다른 자연들과 마찬가지로 지극히 원초적인 공간이다. 그 원초적인 공간은 사물과 사람이 어떠한 대립도 없이 자유롭게 교통하고 아이들의 유희(헤엄)와 어른들의 노동(물질)이 하나로 버무러진 '아름답고 즐거운' 세상이다. 물론 그것은 유년의 시각이지만, 실제로 제주민은 척박한 환경과 가난, 힘겨운 노역 속에서도 그런 화해로운 삶을 구가해 왔다고 할 수 있다(개발 이전의 보통의 제주사람들은 누구나 이 경험을 공유하고 있다.). 그런데 이런 '탑동'이 제주도민의 반발과 저항에도 불구하고 개발과 자본의 투기 바람에 두 번씩이나 매립되어 "원담이니 차돌이니" 다 없어지고 생태계가 파괴되었을 뿐만 아니라, 유년의 경험세계를 허물고 몇 십 년 후에는 바닷물에 잠겨서 생의 터전마저 없어지게 된 상황에서도 "별로 신통찮은 그 매립"을 다시 한다는 데 대해 문충성은 분노하고 있는 것이다. 그러나 치열한 저항에도 불구하고 개발논리와 투기자본의 힘에 속수무책으로 두 번이나 매립되는 결과를 겪었고, 더군다나 지금 세대들은 '탑동' 매립의 심각성조차 깨닫지 못하는 상황에서 우리가 무엇을 할 수 있을까? 문충성은 줄기차게 반복적으로 '탑동'에 관한 시를 씀으로써 탑동 매립으로 상징되는 근원성 훼손의 심각성과 부당함을 깨우치고자 하는 것이다. 그것이 문충성이 끊임없이 유년의 순수와 제주민의 원초적 삶의 세계를 되풀이 강조하는 소이연이기도 할 것이다.

  문충성은 단순히 자연의 훼손이나 유년의 공간 상실을 한탄하는 게 아니다. 그가 지속적으로 원초적 자연과 유년시절의 삶을 되풀이 강조하는 것은 바로 그것을 통해서 우리가 살아내야 할 가치가 무엇인지를 기록하고 알리고자 하는 일이라고 할 수 있다. 그가 탑동 원담에서 솟아나는 샘물을 두고 "그 시원한 물이 바닷물 속에서/ 짜지도 않게 어디서 솟아나는지/ 마셔본 적이" 없는 자들을 '엉터리들'이라고 질타하며, 고향의 언어로 사물들의 이름을 하나하나 호명하는 까닭도 여기에 있음이다.

　문충성의 지향을 복고취향이거나 잃어버린 낙원을 동경하는 낭만적 태도라고 함부로 단정해서는 안 된다. 실존적으로 보면, 그의 유년은 아버지가 있음에도 실제로는 부재한 삶이었고(<저물녘>) "파르스름 녹 낀 놋숟가락 있어도 밥을 굶"을 정도로 '걸바시처럼' 가난했다(<외할머니>). 시대사적으로도 일제 강점기와 4·3의 광기 어린 살육의 현장과 독재의 억압을 그는 관통해 왔다. 또한 이전의 여러 시집에서 그는 시대사적 아픔과 제주민의 고통어린 인고의 삶을 절절히 노래하기도 했다. 그럼에도 불구하고 그의 유년은 "헐벗은 나무끼리 모여/ 허리 두 동강 나는 매운 계절"을 견딜 수 있게 하는(<헐벗은 나무끼리 모여>) 공동체적 의지가 있었고, "호랑이도 여우도 모두 이겨내며 손자를/ 활 잘 쏘는 장수로 키워냈다는 옛날 얘기"를 믿으며 '하늘만큼' 클 수 있다는 꿈이 가능했던 세계이다(<하늘만큼>). 물론 그 세계는 이미 훼손되었고 되돌아갈 수 없는 것임을 그리고 어찌 모르랴. 세상은 속절없이 변하는 것이고 그 역시 "맛이란 막상 다 그런 것/ 그 시절이 지나면 복원되지 않"음을 잘 알고 있다(<옛날 국수>). 다시 그럼에도 불구하고 그가 주목하는 것은 바로 그 의지와 꿈이 가능성으로 존재하는 가치에 대한 열망이다. 그러니까 문충성의 시를 두고 "그의 유년은 성취할 무엇이 아니라 지켜져야 할 순결이다"라고 비평가 송상일이 얘기했을 때, 그 '순결'은 원형 그대로의 모습이 아니라 지향해야 할 가치로서 작동하는 것이다. 캄캄한 밤, 하늘에 별이 없다면 우리는 나아가야 할 방향을 짐작조차 할 수 없는 것처럼, 전범이 없다면 삶의 온당한 진

로를 거머잡을 수 없는 것이다. 일류미네이션의 화려함과 속도의 짜릿함에 도취되어 천방지축 날뛰는 현대인들에게 문충성은, 철학자 화이트헤드가 말한 바 '위대한 것에 대한 감각'을 일깨우고자 하는 것이다. 그의 반복성(아니 지속성이라 해야 옳으리라.)은 그 '위대한 것에 대한 감각' 또는 그의 표현을 빌면 '순수'의 가치를 일회적 각성으로 잊히지 않게 하려는 아픈 노력의 소산이라 할 수 있다(가외의 얘기지만, 철학자 알랭 드 보통이 근작 <뉴스의 시대>에서 언론들이 중립성을 표방하면서 이슈를 한 순간만 다루고 바로 다른 이슈를 거론함으로써, 대중들이 중요한 이슈조차 금방 잊어버리게 만든다고 비판하면서 좋은 언론은 오히려 편향성을 택해 중요한 이슈는 지속적으로 다루어져야 한다고 역설한 내용이 상기된다. 참고로 말하면 문충성은 오랫동안 기자생활을 했었고 5공화국의 '언론숙정작업'에 의해 쫓겨난 바 있다.). 삶을 살아나가는 데 있어서 반드시 놓치지 말아야 할 진정한 가치를 문충성은 그의 유년의 공간에서 불러들였고, 그것을 평생의 '꿈'으로 간직하고 시업을 쌓아왔다고 할 수 있다. 그의 꿈은 오래 전의 시에서 표 나게 드러내고 있는 바, 그것은 "컴컴한 세상을 (......)/ 새파랗게 눈물 도는 세상으로"(<꿈>, 《설문대할망》) 만들고자 하는 희원이었다. 그 간절한 희원의 전범으로 그가 적극적으로 선택한 것이 '오래된 미래'로서의 유년의 공간이었던 것이다.

2.

《귀향》은 그러나 문충성의 이전의 시집과는 얼마간 다른 양상을 띠고 있다. 그가 즐겨 다루는 유년과 제주도라는 시적 공간이 현저히 줄어들었다는 점이 그렇고, 그의 어조 또한 야무진 짱짱함에서 벗어나 처연하다는 점에서 그렇다. 팔순에 가까운 고령 탓인지 문충성은 《귀향》에서 자주 삶의 회한과 '죽음'에 대해 얘기하고 있다.

> 먼저 먼 산이
> 가까운 산은 금빛으로
> 천천히 저문다
> 내일은 없지만
> 내일이 와도
> 아침은 자리에서 일어날 것이다
> 낮에 잠시 졸리다
> 하루 종일
> 태양은 빛날 것이다
> 빈 하루
> 마침내
> 나도 저물어 들면
> 어둠으로 풀릴 것이다 캄캄하게
>
>   - <하루> 전문

문충성은 저무는 산을 보면서 "내일은 없"다고 단정하고, "내일

이 와"서 "하루 종일/ 태양은 빛날"지라도 결국 그것은 "빈 하루"일 뿐이며 자신도 "마침내/(...)/ 어둠으로 풀릴 것"이라고 스스로의 죽음을 기정사실화하고 있다. 심지어 꿈 속 산책길조차 '귀천 길'로 여기며(<귀천 길>) 미리 하직 인사를 남기기도 한다 (<어떤 하직>). 숨탄것이라면 그 어떤 존재도 죽음을 물리칠 수 없는 것이고 그것은 어쩔 수 없는 숙명이기에 담담하게 받아들여야 마땅하지만 누군들 죽음 앞에서 두렵지 않겠는가. 문충성 역시 "알 수 없는 죽음이" 무섭다고 고백하고 (<사려니 숲길을 걷는다>) "죽은 뒤/ 일에 대해" 논의하다가 아예 죽음 자체를 부정하기도 한다 (<아니야>). 이전에도 문충성이 '죽음'을 다루지 않은 것은 아니로되, 그때의 정황과 《귀향》의 정황은 사뭇 다른 감이 있다. 이전의 '죽음'은 온당하게 살아내야 할 삶과의 관련성에서 상징적이고 형이상학적이거나, 실존적 죽음을 얘기할 때도 담담한 수용적 태도를 유지하곤 했다. 그런데 이번 시집의 경우, 죽음에 대해 때로는 망설이고 때로는 두려워하며 때로는 거부의 자세를 보이기도 한다. 어조는 처연하며 전체적인 분위기는 어둡고 착 가라앉아 있다. <고마운 사람들>과 같은 시편을 보면, 급성 바이러스 감염과 요추 수술 등으로 실제로 죽음 가까이 가 본 경험과 반려자인 아내 또한 죽음의 고비를 겪어서일 것이다. 죽음의 길은 두렵지만 그러나 한편으로 문충성은 능동적으로 죽음에 닿고자 한다. 현세의 삶은 "별 볼 일 없는 이들/ 별 되어 사는" "허깨비" 세상이고 (<별 볼 일 없는 이들 별 되어 사는>) 그런 허깨비들이 "지어내는 세상"은 "학교거나 책에서 배운" 것조차 모두 "엉터리"이고 (<우리가 무엇을 하든>) 거짓 사랑과 조작된 꿈만이 "자그만 스마트 폰 안에서 꽃 피어나는" "임을 잃어버린 시대"이기 때문이다 (<아침에 우는 새는>).

  바다가 잠겼다 허무 속에
  하늘이 사라졌다
      이제
  아무 것도 없다
      별 볼 일 없는 이들
      별 되어 사는 세상

  가자
  나 비워내면 뭐가 있을까
  보이던 것들 모두 허깨비였을까
  만나던 것들 모두 일회용품들
  그들 만들어낸 위대한 세상
  병든 꿈일 뿐일까
  그
  러
  나

  자박자박 저벅이지 말라
  그들이 로봇 하느님도 만들어 낼 터이니
     꿈도 꾸지 말라

  가자

하루

빨리

　　　　　- <별 볼 일 없는 이들 별 되어 사는> 전문

　찬란한 문명이 "만들어낸 위대한 세상"은 그러나 진정성이 없는 "일회용품"의 세상일 뿐이고 왜곡된 욕망으로 가득 차 있다. 그럼에도 "병든 꿈"조차 자각하지 못한 채 신성의 영역마저도 뭉개버리는 ("로봇 하느님") 비속한 세상을 문충성은 "하루/ 빨리" 벗어나고 싶은 것이다. 범박하게 뭉뚱그려 말한다면 이 세상은 한마디로 '사랑'이 결여된 곳이고 "사랑이 없으면 멸망 뿐"(<멸망 속으로>)이기 때문이다. 그래서 그는 차라리 편안한 죽음을 꿈꾸기도 한다.

개쑥부쟁이

보랏빛

그늘

미는

바람 소리

녹아나는

늦가을

꽃물결

하얗게

이는

소리

자욱한

자갈밭

눕고

싶어

허리

펴고

눈 감고

- <하얀 날> 전문

 죽음일지언정 아름답기 그지없다. 그런데 "꽃물결/ 하얗게/ 이는/ 소리/ 자욱한/ 자갈밭"의 세계는 무척 낯익게 다가온다. 아마도 이 낯익음은 그가 즐겨 노래해 온 유년의 공간을 닮은 데서 기인한다고 생각된다. 그가 "네가 사는 거기선/ 기다림 없이도/ 티 없는 웃음 솟아나리/ 할미새야/(.......)/ 불타는 하늘/ 가슴/ 깊은 곳/ 할미새야! 할미새야!"(<할미새가 날아간다>)라고 '할미새'(이것은 그의 유년 시절 '할머니'를 연상한 이미지임을 부정할 수 없다.)를 찾아가고자 하는 단말마의 절규를 내뱉는 것도 결국 할머니의 이야기 속에서 자라나던 유년 시절로 회귀하고자 하는 욕망에 다름 아니다. 결국 사람은 흙에서 나고 흙으로 돌아간다는 성경의 구절처럼, 문충성은 어떤 면에서 '죽음'조차도 유년의 세계로의 귀환으로 사유하고 있는 것이다. 그럼에도 문충성이 '죽음' 앞에서 어떤 망설임과 일말의 두려움을 갖는 진짜 까닭은 무엇일까? 명백하게 드러나 있진 않지만, <네 잎 클로버를 찾고 있다>, <은행나무>, <아버지> 같은 시들을 보면 자신의 열망을 제대로 완성하지 못했다는 회한 때문이기도 하고, 더 중요한 것은 <어머니 돌아가시고 나서야> 같은 시에서 드러나듯 잊혀진다는 사실 때문으로 보인다. 프랑스 화가 마리 로랑생이 <진정제(Le Calmant)>라는 시에서(이 시는 많은 경우 <잊혀진 여인>으로 잘못 번역되어 알려져 있다.) 읊었듯 "죽음보다 더 비참한 것은 잊혀짐"이라는 것을 우리는 새삼 깨닫게 된다. 우리가 삶을 살아가는데 있어 생리적 본능의 충족을 제외한다면 어쩌면 생은 온통 인정욕구의 장일지도 모른다. 다양한 인간관계를 맺고 사회활동을 하면서 여러 성취를 이루고자 하는 것도 어떤 면에서 보면 누군가에게 인정받고자 하는 열망의 소산인 것이다. 인정받는다는 것은 달리 말하면 누군가에게 우리를 각인시키고자 하는 것이고 그것은 결국 잊히지 않기 위한 몸부림인 것이다. 김춘수의 시구 마따나 누가 이름을 불러주어야 어떤 존재가 '꽃'이 될 수 있듯이, 누군가가 우리를 기억해줘야만 우리도 존재의 의미가 있는 것이고, 그렇지 못하다면 그 삶은 "자기 땅에서 유배당한 떠돌이" (<제주휘파람새>)의 삶이며 "살아도 죽은 이처럼 사는" (<그 때>) 것과 진배없다. 하물며 죽은 다음에야 말해 무엇 하겠는가. 죽음은 모든 것을 무화(無化)시킨다. 우리가 애써 죽은 이들의 생애를 기억하고 또한 기리는 행위를 중요하게 여기는 것은 달리 보면 우리 역시도 그렇게 기억되고 기려지기를 바라는 데서 하는 게 아닐까. 그것은 잊힌다는 것에 대한 두려움의 역설적 발로이기도 하다. 그래서인가. 문충성은 <귀향>에서 친지들의 죽음을 되새기고 있고, 문우들의 이름을 하나 씩 호명하며 "그들을 잊지 못한다"(<무상 3>)고 하고 있다. 나아가서는 손녀의 재롱, 한 병실에 입원했던 환우의 친절함, 주차한 자동차의 위치를 까먹은 것 등의 사소한 일상사를 비롯하여 여름날 연꽃 밭을 지나는 소나기, 굴뚝새가 돌담 구멍을 들락이는 모습, "김포공항 밀잠자리들/ 흘레붙덩" 쌍쌍이 날아가는 (<김포공항에서 바라보는 어떤 풍경>) 하찮은 풍경마저도 기록으로 남긴다. 어떤 측면에서 보면 <귀향>의 대부분의 시편들이 나날의 일상과 상념을 써내려 간 일기처럼도 느껴질 만치 문충성은 기록에 열성을 보이고 있다. 그 기록은 문충성의 적극적인 기억행위이며 달리 말하면 잊히지 않고자 하는 안간힘의 소산이라고 하면 지나친 추론일까?

3.

《제주바다》로부터 《귀향》에 이르기까지 문충성이 끊임없이 되살리고 있는 도저한 기억들과 기록행위는, 그로 하여금 '허깨비'들로 가득 찬 이 비속한 "껍데기세상"(<정말로>)에서 삶을 버티어 나갈 수 있게 한 원천이며 그 나름의 적극적 방법론의 개진으로 보인다. 그것은, 바꿔 말하자면, "캥캥 마른 바람 부는 사막/ 뿐"인 세상에서 "가슴속/ 한 뼘 솟아날 빈 물줄기"를 꿈꾸는 것이고, 설령 궁극에는 "허공으로 사라져갈/ 캥캥 마른 빈 바람 한 자락"일지라도 포기할 수 없는, "떠날 시간"이 다가와도 절대로 포기해서는 안 될 갈망에 값하는 것이다(<빈 바람>). 물론 문충성이 애써 기억 속에서라도 (무)의식적으로 복원하는 유년은 결코 되돌릴 수 없는 것이기에 그것은 부재의 풍경이며, 문충성이 추구하는 '순수'의 가치는 비루한 자본과 가짜 욕망의 시대에 아주 잠시 코끝을 슬쩍 스치고 지나간 연원을 알 수 없는 향기처럼 잊힌 이야기로만 겨우 남아있을 뿐이다. 따라서 문충성의 지향은 반드시 실패가 예정된 일이었고, 실패에 따른 회한은 어쩔 수 없이 가슴을 서늘하게 한다. 표제작인 <귀향>은 그 실패와 회한의 모습을 암묵적으로 드러낸다.

> 고향에 와도
> 고향은 없고
> 옛 동무들도 없고
> 초가들은 회색 콘크리트 숲 이뤄
> 그새 사라져버렸네요
> 중학생 때 만났던
> 이광수
> 김동인
> 이효석
> 동백꽃 김유정
> 현진건
> 박태원 삼국지
> 김소월 진달래꽃
> 정지용 향수
> 넓은 벌도 동쪽 끝도 다 사라져버렸어요
> 얼룩빼기 황소도
>
> — <귀향> 부분

"이미 잃어버린 고향"(<귀향>)은 지리적 차원의 것이 아니라 현저히 심정적인 것이며, 실제 모습의 변천이 있다 하더라도 본질적으로는, 문학소년 시절의 탐독대상의 멸실을 얘기하는 것에서 알 수 있듯, 정서적 차원과 정신적 가치의 상실을 말하는 것으로 보아야 하리라.
그러나

> 태풍에도 끄떡없이
> 꽃 피우고 열매짓습니까
> 예쁜 연분홍 꽃 고장
> 놀러오는 나비 한 마리 없습니까
> 열매 여물고 이제
> 더 참을 수 없습니까
> 서러운 꿈을 향해
> 씨앗을 터트립니까 거기엔
> 더 아름다운 고장
> 평화와 사랑이 넘쳐나는
> 그리움들이 눈 떠 있습니까
>
> - <봉숭아 꽃> 전문

에서 알 수 있듯 '태풍'의 시련에도, "놀러오는 나비 한 마리 없"는 외로움에도, 그게 실패가 예정되어 있는 "서러운 꿈"일지라도 "평화와 사랑이 넘쳐나는/ 그리움들"을 저버릴 수는 없는 것이다. 그리하여 문충성에게 실패는 있어도 패배는 없다. 중국의 사상가 우징숑(吳經熊)이 경구가 말해주듯 "사람은 업적에 의해서가 아니라 갈망에 의해서 평가받는 것"이기 때문이다.

  문충성이 이번 시집에 고희(古稀)의 나이에 펴냈던 시집 《백 년 동안 내리는 눈》의 뒤표지의 고백을, 약간만 수정한 채로 온전한 작품으로 다시 수록하는 것을 보면 시인도 바로 그 점을 강조하고 싶음이 아니었을까.

> -발산개세拔山蓋世
> 그대는 실패하지 않았네
> 죽음으로 완성했네 그대 사랑을 사나이
> 새 천지 열지 못했다지만
> 아니다
> 새 천지 열었네
> 중국보다 더 큰 천지를
>
> 처음이자 마지막을 나는
> 열아홉에 시작했네 사랑을
> 십 년 애써도 마지막은
> 완성되지 않았네
> 사랑이란 완성하는 게 아니란 걸
>
> 팔순을 바라보며 겨우
> 깨닫느니 너무
> 늦었을까 나는

실패한 삶의 절정에

홀로

서

서

꿈꾸네

열아홉에 '사랑'을 발견한 나는

시인이 되고자 안 했네

이제 나는 그

열아홉으로 가네

그때 둘이 하나 되는

나의 마지막은 시작되었으니

— <처음이자 마지막을 –항우項羽에게> 전문

나는 《백 년 동안 내리는 눈》을 두고 보잘것없는 서평을 한 편 쓴 적이 있거니와, 위 시에 대해 다음과 같은 요지의 말을 한 바 있다. 초나라 항우는 중국 천하를 두고 다투는 패권 쟁투에서 비록 한나라 유방에게 패했지만, 오랜 세월 동안 경극 '패왕별희'에 대한 중국인의 끊임없는 애호심이 말해주듯 역사적 추앙에서는 오히려 유방을 절대적으로 능가한다. 항우의 기개와 우미인에 대한 결곡한 사랑, 그리고 그의 장렬한 최후가 후세인들에게 비극적이지만 위대하게 돋보였기 때문일 것이다. 항우는 죽음으로써 '사랑'을 완성했고, 여기에서 시인은 실패가 곧 '삶의 절정'인 경지를 깨닫는 것이다. 그것은 바꿔 말하면, 완성되지 않음으로써만 존재하는

'사랑'과도 같다. 이때의 '사랑'은 '갈망'과 이음동의어이다. 갈망이란 결국 '처음'이 곧 '마지막'을 예비하는 것이며, 출발 자체가 전체를 결정짓는 자기순환의 항해와도 같다. 삶을 정리할 시점의 나이에 들어 시인이 새로이 꾸는 꿈이 사회적 통과의례의 출발점인 "열아홉의 사랑"으로 회귀하는 까닭이 여기에 있다 (졸고, <정처 없는 정처를 찾아서> 참조). 그렇기에 문충성은 "세상이 멸망한다 하더라도" "사라져가는 내 삶에게" "인사를 하자"고 다잡고 있으며(<하루에 한 번씩>) 죽어서도 '사랑하는 이'에게 달려가고자 하는 의지를 불태우고 있는 것이다.

   결국 문충성의 '귀향'은 머리와 꼬리가 맞닿아 있는 뱀의 형상과도 같이 그가 오랜 세월 변함없이 새기고 일궈왔던 갈망, 즉 '오래된 미래'로의 귀환인 것이다.

> 나 죽어
> 암흑천지 떠돌 때라도 외로움에
> 이마. 깨어지는 날
> 나직이
> 당신이 나를 부르신다면
> 나 암흑천지
> 단방에 깨고
> 당신에게로 달려가리 사랑하는 이여
> 달려가리 맨발 벗고
>
>   - <당신이 나를 부르신다면> 전문

그렇다. '사랑'은 죽음의 '암흑천지'조차 "단방에 깨고" 일어설 수 있게 하는 강렬한 힘이다.

결국 문충성의 '귀향'은 머리와 꼬리가 맞닿아 있는 뱀의 형상과도 같이 그가 오랜 세월 변함없이 새기고 일궈왔던 갈망, 즉 '오래된 미래'로의 귀환인 것이다.